AF263178

L'ERE

DES

DIFFICULTÉS

PAR UN

RÉPUBLICAIN SOCIALISTE

PRIX : 50 CENTIMES

LYON

VENTE EN GROS CHEZ ÉVRARD, LIBRAIRE

48, RUE DE LA RÉPUBLIQUE, 48

—

1880

L'ÈRE DES DIFFICULTÉS

L'ERE

DES

DIFFICULTÉS

PAR UN

RÉPUBLICAIN SOCIALISTE

—

PRIX : 50 CENTIMES

—

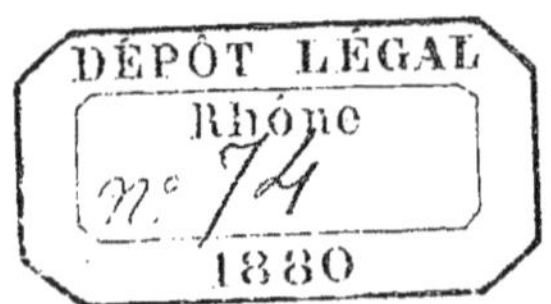

LYON

VENTE EN GROS CHEZ ÉVRARD, LIBRAIRE

48, RUE DÉ LA RÉPUBLIQUE, 48

—

1880

L'ÈRE

DES

DIFFICULTÉS

I

Nécessité d'un modus vivendi sérieux entre les diverses fractions de républicains et de socialistes.

Avant tout, il importe de déblayer le terrain de toutes les équivoques et de tous les malentendus pouvant donner lieu à des suspicions quelconques. Disons-le bien haut, nous écrivons ces lignes dans une pensée large et forte de tolérance et d'impartialité réciproques, sur la base de la République démocratique et progressive.

Les divisions de la démocratie française ne sont que trop réelles et apparentes, nous n'avons pas la prétention de faire disparaître d'un trait de plume les causes qui les ont produites. Nous savons très-bien que, dans l'état actuel des choses, il n'est pas possible de faire fusionner sous une même égide et converger vers un même but des éléments aussi différents que ceux qui composent les quatres fractions de la majorité de l'Assemblée actuelle, sans compter ceux qui relativement forts et très-militants ne sont cependant point encore représentés |dans notre Parlement. Si MM. Waddington, Léon Renault, Le Royer, etc., qui se disent démocrates, n'ont que très-peu de chose de commun avec MM. Louis Blanc, Clémenceau, Naquet, Georges Périn, le petit fil qui les unit encore à ces derniers ne va pas plus loin.

Au-delà, il n'y a plus qu'un abîme, sur lequel on ne veut

pas jeter de pont, afin de maintenir aussi isolés que possible les révolutionnaires néo-jacobins ou socialistes, sortis de l'Internationale et de la Commune. Cet antagonisme ne peut plus être atténué, ni même voilé, par des moyens termes hypocrites, par des subtilités.

Aujourd'hui, il ne suffit plus de dire qu'on veut le maintien de la République, pour imposer à toute la démocratie une même discipline avec les dehors de l'apaisement et de la concorde, La démocratie réclame le prix si ardemment désiré de sa longanimité ; après les paroles, après les promesses, elle veut les choses, les réalités.

Il y en a même qui les réclament avec autant d'impatience et de violence de tempérament que les hommes du centre gauche mettent d'imperturbable entêtement à les refuser.

Les motifs d'irritation ne manquent donc pas ; il y a plus ; ils pourraient bien s'accroître si l'on n'y prend garde et la situation tendue qui en résulterait ne profiterait certainement, ni aux républicains modérés, ni aux opportunistes, ni aux radicaux, ni aux socialistes. Il n'y a, dit-on, pire eau que l'eau qui dort. L'enseignement qui se dégage de ce vieux proverbe est actuellement mis à profit par les partis monarchistes, et les inquiétudes de ces derniers temps prouvent surabondamment qu'ils s'attachent, désormais, à produire beaucoup plus d'effet que de bruit.

Ce n'est pas à la légère et sans avoir jeté sur l'avenir un regard profondément scrutateur, que le président de la Chambre a prononcé ces mots: *l'ère des difficultés* !

Rien de plus facile, rien de plus simple que de laisser aller les choses, que de ne point remédier aux défauts si visibles pourtant de la situation. On conserve ainsi les sympathies d'amis plus ou moins aveugles ou enthousiastes, on se passionne pour être mieux apprécié par les exigeants, le déchaînement des colères va son train, les solutions rationnelles sont remplacées par l'empirisme violent des vainqueurs et quand la République est perdue, on se rejette le tort les uns sur les autres.

Eh ! s'écrieront les intransigeants de toute espèce, on ne concilie pas des programmes qui ne sont pas seulement divergents, mais qui deviennent chaque jour de plus en plus radicalement hostiles. Non, on ne les concilie pas : toutefois, *on peut placer l'axe de la République en dehors des uns et des autres, dans un milieu impartial et fort, intelligent et juste, qui donnera aussi bien aux républicains conservateurs qu'aux radicaux et aux socialistes assez de liberté et assez d'espérance, pour que l'étude, le travail et la science leur paraissent désormais des moyens d'action suffisants.*

II

Le commencement de la République vraiment démocratique et progressive.

Ce que nous venons de demander, ce n'est pas une solution, ce n'est pas la transformation de la République selon des vues théoriques quelconques. Pour ce qui est du but à poursuivre, du résultat final à atteindre, nous laissons toutes les questions pleinement ouvertes. Il ne nous faut qu'une base commune à tous, aussi large et aussi sûre pour les uns que pour les autres.

Ce ne serait rien et ce serait le commencement de tout, ce ne serait point l'avénement d'un parti, ce serait l'avénement de la sagesse.

Il faut pour en arriver là trois choses essentielles dont nous possédons actuellement tous les éléments : 1° un gouvernement *libre*, c'est-à-dire un gouvernement auquel aucun parti et moins ceux du centre que les autres ne puisse imposer le poids de ses terreurs, de ses rancunes et de ses préventions ; 2° le sacrifice de la part des républicains conservateurs de toutes les lois restrictives qui ne les protégent nullement et ne font que les rendre impopulaires ; 3° l'introduction de l'esprit scientifique libre dans les milieux révolutionnaires, qui ne sont tels que parce qu'on les isole au lieu de les éclairer.

Pour les uns, c'est un *minimum* de réformes ; pour les autres, c'est un *minimum* de sacrifices ; pour tous, c'est le droit à l'action, à la propagande, garanti par la Constitution, c'est le devoir de respecter la légalité *neutre* et bienfaisante qui donnerait ce droit.

C'est un idéal qui n'est pas nouveau et qui n'a rien d'utopique, il n'a cependant jamais encore été possible de le faire passer dans la pratique.

Cette impossibilité tient à deux raisons principales : l'une est cette formidable centralisation, fruit du génie autoritaire de notre race, qui a fait dire que le régime ordinaire de la France sous toutes les formes de gouvernement est l'absolutisme tempéré par des révolutions périodiques. L'autre est l'hostilité des classes d'où est née la question sociale.

La République ne sera vraiment démocratique, progressive et sûre de son lendemain, que quand elle admettra en principe la possibilité d'une modification profonde de notre centralisation et l'éventualité d'une réforme sociale, d'après les données de la science et de l'expérience. Aussi, tant que le mécanisme autoritaire de nos institutions subsiste intégralement et tant que le socialisme sous toutes ses formes reste condamné sans appel, est-il permis de douter que le milieu politique et social français puisse fournir les trois conditions indispensables d'une situation donnant la liberté à tous et permettant l'impartialité pour tous.

Ce doute désolant qu'Edgar Quinet ne parvenait point à chasser et qu'un économiste de talent, M. Passy, a fortifié de ses savantes études de notre société, ne saurait cependant prévaloir contre des faits très-consolants et qui peuvent être, si on sait le vouloir, le point de départ de notre rédemption.

Au lendemain de la terrible répression de 1871, alors qu'une Assemblée réactionnaire et un ancien monarchiste, subitement converti à la République, tenaient dans leurs mains les destinées de la France, il n'était permis d'espérer qu'à ceux qui pouvaient considérer comme une chose de peu d'importance l'extermination des socialistes et le refoulement de leurs idées.

Nous n'étions pas de ceux-là et nous ne craignons pas de l'avouer, nous n'attendions plus rien de bon d'une aussi étrange république. Les faits nous ont donné tort et la démocratie persévérante a tout doucement regagné une partie du terrain perdu.

On ne savait pas assez, en 1872, combien la force des partis monarchistes était peu consistante et superficielle. On ignorait encore les progrès de la bourgeoisie, toujours très-éloignée du socialisme, mais sérieusement ralliée à la République.

Des hommes, dont la fonction historique n'est pas de représenter nos idées, trop avancées et trop hasardeuses pour la majorité de nos contemporains, mais qui n'étaient pas moins destinés à faire marcher la démocratie, surent très-adroitement comprendre et mettre à profit tout ce que cette situation obscure pour nous avait d'avantageux en réalité.

Aujourd'hui, les opportunistes, aussi bien que les radicaux, sont résolus à pousser le gouvernement et la Chambre dans la voie de la liberté politique réelle et sans restrictions mesquines, ainsi qu'à demander l'oubli complet du passé. Tout fait prévoir que ce courant finira par l'emporter.

Pour ce qui est de l'amnistie, point de départ de la nouvelle politique, certains opportunistes posent certainement cette question ausi bien que les radicaux.

En effet, l'amnistie ne peut être présentée, ni comme une mesure de clémence et de pardon, ni comme une réhabilitation. Que d'une main ferme et sûre, on biffe simplement de notre histoire contemporaine tout ce qui reste de cette sinistre phase de 1871, où la fureur réactionnaire a trop ouvertement pris la place de l'équité et de la raison. Il ne s'agit de plaire, ni aux conservateurs, ni aux socialistes, il s'agit d'entrer à pleines voiles, sans se laisser accrocher en arrière par des passions aussi rétrospectives qu'inopportunes, dans une voie grandiose, droite, déblayée, au bout de laquelle est la réussite. Nous ne sommes pas optimistes : cependant, tout bien considéré, il nous semble qu'à moins de catastrophes inattendues, cette voie est bien celle qu'on veut ouvrir.

III

L'attitude politique qui serait la plus profitable à tous.

S'il en est ainsi, il paraîtra presque superflu de démontrer qu'il sera désormais du devoir de tous les démocrates, qu'ils soient ou non plus ou moins socialistes et révolutionnaires, d'aplanir les voies au gouvernement réparateur qui aurait de telles intentions. La politique dans laquelle on entrerait, ce serait la grande politique expérimentale, qui n'exclut aucune solution et qui acceptera tout ce que la conscience publique, dûment éclairée, pourra réclamer dans l'avenir.

La question de savoir si cette politique réussira n'est ni

plus ni moins qu'une question de vie ou de mort pour la République.

Et cependant, la saine raison tient encore si peu de place dans les esprits, les souvenirs du passé sont tellement irritants, l'arène politique est tellement dominée par les sentiments violents, enfin notre tradition autoritaire s'impose tellement à tous, qu'il n'est pas seulement très-difficile de faire abandonner par les diverses fractions du parti républicain, comme indigne de bons patriotes et de démocrates éclairés, cette attitude toute passionnelle et subjective, qui leur est commune avec les réactionnaires. Ce ne sera pas une tâche moins laborieuse que de leur persuader que la tactique politique affectionnée par eux jusqu'ici, dans l'expectative comme dans le succès, c'est-à-dire les allures cassantes des ministères, l'opposition incessante au gouvernement, la lutte haineuse et sans mesure contre les partis adverses, est la tactique la plus funeste, la plus maladroite pour chacun des partis qui l'emploient, quelles que soient les chances immédiates qu'il croit y trouver.

Si, comme c'est notre devoir de Français, nous élargissons encore le cercle de la tolérance générale, pour y englober les royalistes, les bonapartistes, les cléricaux, notre œuvre se présente sous un aspect bien plus mauvais.

Ces partis désespéré sne semblent pas vouloir rentrer en eux-mêmes et l'on devine sous leur attitude passive, mais toujours menaçante, toutes sortes de machinations factieuses Et l'on condamne l'esprit de révolte et de destruction chez les démagogues !

Nous sommes tous plus ou moins révolutionnaires ; c'est une vieille histoire.

On veut absolument battre le gouvernement, écraser ses ennemis, triompher sur toute la ligne, devenir les maîtres. Quand l'agitation est assez menaçante pour ébranler le pouvoir et troubler toute la société, bien loin de s'en attrister on s'en applaudit. Ça marche ! disent tous ceux qui veulent se substituer au gouvernement.

La vérité est que ça ne marche qu'au point de vue des ambitions personnelles d'un très-petit groupe d'hommes, bien plus soucieux d'assouvir leurs passions que de travailler à réaliser la plus grande somme de bien possible à notre époque.

Ça ne marche pas plus quand un gouvernement est violemment renversé, que ça ne marche quand des partis soi-disant *d'ordre* répondent par un ridicule dédain aux revendications du peuple, ne laissent aux idées nouvelles d'autre issue que l'insurrection et se plongent avec une férocité idiote dans le sang des travailleurs massacrés.

Il serait bon d'en finir avec toutes ces fureurs qui ne mènent à rien.

Pour tous les partis et pour la France que tous prétendent servir, l'intérêt majeur, l'intérêt vital par excellence *c'est la liberté de la vie et de la discussion pour toutes les idées.*

Aucun de nous ne possède la panacée universelle qui nous guérira de tous nos maux, nous sommes tous utopistes d'une certaine façon et nous sommes tous remplis d'une large part de ces éternelles bonnes intentions dont l'enfer est pavé. Par dessus tout, dans l'état d'antagonisme profond où nous nous trouvons les uns en face des autres, nous sommes beaucoup trop absolus dans nos vues particulières, pour qu'il ne soit pas infiniment dangereux qu'un parti tranché, *n'importe lequel,* vienne à s'emparer du pouvoir et à mettre dans sa main seulement tout le formidable outillage de notre centralisation.

La science nous le prouve aujourd'hui : l'évolution des sociétés, comme celle de tous les autres corps organisés, se fait graduellement, d'après certaines lois sociologiques, dont l'action pondérée ne saurait être ni avancée ni reculée par l'influence d'une mesure empirique, quelle qu'elle soit. Un succès de circonstance, le triomphe accidentel d'une idée ne produisent rien de durable et de sérieux. Un progrès n'est, et ne demeure acquis que quand les masses sociales se le sont assimilé elles-mêmes.

Donc, humilions-nous volontairement tous et convenons ensemble que chacun de nous est beaucoup trop ignorant, pour qu'un parti ayant sa spécialité démocratique ou réactionnaire de théories et d'idéologie puisse prétendre exercer heureusement le pouvoir au détriment des autres. Faisons, si nous en avons le courage, une halte entre deux esprits, l'esprit de routine et l'esprit scientifique. Faisons cette halte sur un terrain large, où il y ait place pour tous les partis, pour toutes les idées, *absolument toutes,* écoutons et instruisons-nous.

C'est en d'autres termes le conseil que donnait aux Français, il y a huit ans, un écrivain qu'on n'accusera certainement pas d'être un révolutionnaire, M. de Laveleye, dans son *Essai sur les formes de gouvernement*. Nous ne résistons pas au désir de citer le passage qui contient ce conseil. « Chaque parti, dit M. de Laveleye, au lieu de chercher un moyen équitable pour que ses adversaires soient représentés en raison de leur nombre ou de leur mérite, serait plutôt disposé à adopter toute combinaison qui pourrait les exclure du Parlement.

« Il serait difficile, j'imagine, de persuader aux conservateurs que puisqu'il y a des communistes, il est bon qu'ils soient représentés à la Chambre, et les libéraux ne comprennent pas davantage que, s'il y a des partisans de l'inquisition, il est utile de leur procurer l'occasion de se produire à la tribune nationale.

« Sans doute, nous devons désirer que les opinions que nous considérons comme dangereuses disparaissent : nous devons les combattre par nos paroles, nos écrits, nos votes ; mais tant que ces opinions respectent la légalité, nous devons les tolérer et même leur assurer la représentation à laquelle elles ont droit. Il y a pour cela plusieurs excellents motifs.

« D'abord, nous ne sommes pas infaillibles, nous défendons peut-être de très-bonne foi une mauvaise cause. L'esclavage, la torture, les priviléges les plus iniques n'ont-ils pas été défendus ainsi ? N'imposons donc point silence à ceux qui ne pensent pas comme nous.

« Ensuite, nous majorité d'aujourd'hui, nous ne le serons peut-être plus demain. Respectons donc scrupuleusement les droits de la minorité, afin qu'elle respecte aussi les nôtres le jour où nous serons les plus faibles.

« Enfin, quand une doctrine existe, plus elle est subversive, violente, insensée, plus il est urgent qu'elle se produise au grand jour et qu'elle soit discutée. Son inanité, son impuissance seront publiquement démontrées et, chose essentielle, on sera averti de son existence et on apprendra à la combattre. Les divers gouvernements qui se sont succédé en France ont toujours cru que, pour sauver l'ordre, il fallait comprimer toute manifestation des idées considérées comme subversives ; leur

ménager une réprésentation aux Chambres eût paru mons-
trueux.

« Le résultat de ce système a été que ces idées ont fait leur
chemin dans l'ombre et que la bourgeoisie, qui dormait en paix
sous l'égide de ces lois sévères, s'est trouvée trois ou quatre
fois déjà précipitée tout-à-coup en pleine révolution, avant
qu'elle soupçonnât le moindre danger. Ce système vient de la
tradition catholique, profondément empreinte dans tous les esprits.

« L'Eglise n'admet pas les dissidents : elle les brûle ou les
damne. Les partis font de même quand ils peuvent : ils guillo-
tinent leurs adversaires ou du moins leur imposent silence.
C'est la même intolérance, la même horreur de toute contradic-
tion, de toute hérésie.

« En Angleterre, pays de libre examen, on tient au contraire à ce que toute opinion un peu considérable ait une représentation officielle. N'a-t-on pas entendu récemment le chef du
cabinet se féliciter de ce que la ville de Limerick venait de
nommer au Parlement un membre qui, sous le nom de *home
rule*, ne demande rien moins que la sécession de l'Irlande et
le démembrement du Royaume-Uni ? Pareille perspective est
douloureuse pour tout bon patriote : elle l'est surtout pour les
Anglais. Ils s'indignent qu'on puisse songer à un plan aussi
abominable ; mais ils veulent qu'il se produise au Parlement,
afin qu'on en montre à tous l'absurdité.

« Si M. Butt, l'élu de Limerick, avait vécu de ce côté-ci de
la Manche, ce n'est pas, j'imagine, à Versailles qu'on l'aurait
envoyé, mais à Cayenne. Ce qui est de toute nécessité en
France, c'est que les partis apprennent à se tolérer, à se respecter, à s'estimer même et à s'accorder les uns aux autres
toutes les occasions pacifiques de se produire au grand jour. »

IV

Les partis et la centralisation française.

Telle doit être l'attitude générale des partis et du gouvernement de la République démocratique et progressive. Examinons
maintenant dans quel esprit le gouvernement d'une part et la

démocratie de l'autre doivent aborder l'étude des deux grands problèmes, qui inspirent tant de craintes aux philosophes modernes et dont le simple rejet compromettrait tout, la question du caractère et de la forme de notre centralisation et enfin la question sociale.

De l'avis de tous ceux qui ont fait une étude approfondie de la science politique, il n'y a rien de si extraordinaire, de si anormal, qu'une république unitaire et centralisée. Dans une telle république, l'autorité a nécessairement un plus grand rôle que la liberté. Que le pouvoir exécutif y soit discuté, contrôlé, souvent changé de mains, ou même exercé par une Assemblée comme la Convention, rien n'y fait. Au contraire, toutes ces fluctuations, tous ces combats ne font que multiplier les abus de ce pouvoir, si puissant par les forces gigantesques que la Constitution met dans ses mains, et cependant si peu en état de dédaigner les attaques incessantes de ses ennemis, qu'il est obligé de n'avoir tant qu'il vit qu'une seule préoccupation : se défendre.

C'est que, si toute la force politique du principe d'autorité a son centre autour du gouvernement, toute la vie politique de la nation y a aussi le sien.

Si l'action du pouvoir est centralisée, la pensée l'est aussi, la lutte l'est aussi, le danger l'est aussi.

Le gouvernement est fort, mais il est plus surveillé qu'en aucun autre pays du monde, on le circonvient, on lui tend des pièges, on l'assaille à chaque instant et il lui faudrait pour ne pas être entraîné à commettre des erreurs, à tomber dans les excès, une prescience tout-à-fait en dehors de la nature humaine. Il ne se sauve, ni par la liberté politique qui fournit des armes à ses adversaires, ni par le despotisme qui soulève tout le monde contre lui.

Quoi qu'il fasse, il finit toujours par succomber.

Les monarchistes voient avec une certaine apparence de raison, dans cette organisation évidemment *moniste*, le support naturel de la royauté, les bonapartistes y voient celui de l'empire, mais l'expérience a prouvé que les uns et les autres se trompent puisque leurs régimes de prédilection n'ont pas réussi dans notre société moderne.

D'autre part, que les républiques unitaires finissent toujours par tomber dans le césarisme, c'est ce que l'histoire nous démontre positivement. C'est ainsi qu'ont fini les républiques grecques, la république romaine et les deux premières républiques françaises. Rien de ce genre n'est possible dans les républiques individualistes et fédéralistes comme la Suisse et les Etats-Unis, où l'action du pouvoir central est si réduite qu'à peine on l'aperçoit, où la liberté n'est pas le résultat de lois et de décrets provenant de l'initiative d'un centre, mais le produit du travail multiforme, varié, indépendant de chaque région et de tous les intérêts qui s'y débattent à leur manière, sans s'occuper de ce qui se fait dans la capitale.

Les radicaux actuels ont bien compris ces vérités si dignes d'attention et leur programme diffère sensiblement de celui des jacobins de 1793. La République une et indivisible n'est plus un idéal suffisant. Les radicaux sérieux veulent aujourd'hui la décentralisation administrative, l'autonomie communale, la suppression de la présidence de la République, la suppression du Sénat, le remplacement de l'armée permanente par les milices, la séparation de l'Eglise et de l'Etat.

Il ne manque pas de libéraux pâles et même de monarchistes, qui sont encore plus décentralisateurs et non moins hostiles au principe d'autorité.

Malgré bien des révolutions, bien des efforts et aussi bien des circonstances favorables, les uns et les autres n'ont cependant encore jamais réussi, ni à décapiter l'autorité, ni à décentraliser le pouvoir.

La France a constamment repoussé les modifications décentralisatrices qu'on lui proposait au nom de la liberté et les partis centralistes et autoritaires y ont réussi les uns après les autres, malgré tous les inconvénients avérés de la centralisation, malgré l'exemple sans cesse allégué de la Suisse, de l'Angleterre, de l'Amérique.

La raison de ce grand fait plane sur toute notre histoire, depuis les luttes de la royauté contre la féodalité jusqu'à nos jours. Notre centralisation n'est pas un accident historique, elle a été préparée pendant une longue suite de siècles, dans un but que ni les radicaux, ni les libéraux, n'ont encore suffisamment reconnu, dans un esprit qui est celui de la nation elle-même et dont on a le tort de vouloir la séparer.

En effet, pouquoi les libéraux et les monarchistes constitutionnels ou parlementaires veulent-ils décentraliser le pouvoir et diminuer l'autorité ?

Parce qu'un gouvernement unitaire, qu'il soit républicain ou qu'il soit entre les mains d'un roi ou d'un empereur, exerce son action partout, cherche partout des points d'appui.

Il se soucie peu d'une aristocratie, d'une classe dirigeante quelconque ; si celle-ci veut le dominer, il s'appuiera selon sa tendance particulière, tantôt sur le clergé, tantôt sur l'armée, tantôt sur le peuple.

La nature d'un tel pouvoir et les données les plus positives de la science permettent même de ranger dans le nombre des éventualités possibles, sous ce régime, l'avénement de ce qu'on appelle la démagogie. Tout cela est pour nos libéraux l'abomination de la désolation.

Le meilleur gouvernement pour eux est celui qui, effaçant complètement le principe d'autorité, dans la personne d'un roi qui ne gouverne pas, ou d'un chef de république qui n'a point de volonté, reste entre les mains des classes riches intéressées avant tout au maintien de l'ordre.

Le suffrage universel ne convient guère à ces sages de la réaction mal déguisée, il leur faudrait un bon petit suffrage bien modéré, qui n'envoyât à la Chambre, ni les plus intelligents, ni les affamés de justice, ni ceux qui veulent que la Révolution *aboutisse*, mais simplement les hommes à grosse fortune, les rois de la finance, du commerce, de l'industrie.

C'est alors, disent-ils, que la liberté règnerait : ils ont raison ; nous aurions la liberté comme à Venise, comme en Hollande, comme en Angleterre, avec un peuple immense, traînant sa chaîne dans les bas-fonds sans issue d'un ordre social oligarchique haï par tous. Ce serait le règne de la plutocratie.

Les radicaux sont autrement sérieux.

S'ils veulent décentraliser, s'ils veulent limiter l'action du pouvoir exécutif, c'est pour rendre plus effective la souveraineté nationale.

Aussi, sont-ils d'accord avec la conscience populaire et avec la tradition révolutionnaire française. Ils ne commettent qu'une erreur de tactique, ou tout au moins il n'y a actuellement que cette erreur qui dans l'état des choses soit aussi apparente que dangereuse. Ils veulent donner non-seulement à quelques classes, mais à tout le peuple français, non pas le *self-government* incomplet, mitigé, des Anglais et des Américains, mais un *self-government* plus vrai, ayant une base infiniment plus large et tel qu'aucun peuple n'en a encore possédé. Il n'y a donc rien de surprenant à ce que le peuple français ne soit pas encore en état d'exercer intelligemment et fructueusement ce pouvoir. Pour qu'il fût en état de l'exercer de la manière effective et directe qu'on voudrait, il ne faudrait pas seulement qu'il fût plus instruit, il faudrait surtout qu'il fût déjà émancipé au point de vue économique et au point de vue intellectuel et philosophique.

Tant que le peuple sera matériellement dans la dépendance des capitalistes et moralement dans celle des théoriciens de tous les partis, tant qu'il ne possèdera pas, lui le producteur par excellence, une portion de cette fortune publique qui est pour une bonne part le fruit de son travail, tant qu'il n'aura pas appris à penser et à juger par lui-même, il sera révolutionnaire, il voudra sa part, c'est-à-dire les droits sociaux qu'on lui refuse, et il les réclamera avec toutes les exagérations de la colère.

Il sera donc pour la société actuelle un élément de trouble.

La conséquence, c'est que la bourgeoisie, les campagnes et les ignorants qui suivent leur impulsion s'opposeront constamment à l'intervention trop directe du peuple dans la politique. C'est ici que les radicaux sont utopistes, ils relèguent très-maladroitement, très-mal à propos au second plan la question sociale, qu'ils devraient placer au premier. C'est ce manque de logique qui les pousse à sacrifier notre centralisation, avant que la démocratie n'en ait tiré tous les avantages qu'elle peut raisonnablement en attendre, c'est-à-dire avant que cette phase de notre évolution sociale, cette période de notre genèse démocratique n'ait rationnellement, naturellement, terminé son cours.

V

La conception française de la liberté.

C'est un fait particulier à la France et dont il faut tenir le plus grand compte, notre centralisation avec tous ses inconvénients nous a aussi rendu de grands services. Elle a été en définitive funeste à l'aristocratie, à la royauté, à l'empire et grâce aux progrès du suffrage universel, elle peut encore l'être à l'oligarchie capitaliste.

Où en serions-nous, si les révolutions politiques de Paris n'avaient pas eu la force de briser les résistances locales ou régionales des réactionnaires?

On peut dire que si la centralisation a souvent été une arme terrible dans les mains du despotisme, elle a été aussi le plus formidable instrument de progrès dans les mains de la démocratie.

Car c'est là le secret historique de cette puissante unité française, autrement elle n'aurait pas de sens. C'est en vain que nous avons une démocratie individualiste, une philosophie individualiste, des économistes pour qui la liberté individuelle est le résumé de toute la science politique et sociale, nous Français, nous ne sommes pas individualistes, nous sommes collectivistes.

Si nous unifions, si nous centralisons, c'est parce qu'il est dans notre nature de nous méfier du droit qui ne s'incarne que dans l'individu. L'intérêt de la grande masse sociale est notre point de départ et notre but, nous ne tendons pas à favoriser l'individu, mais à nous garantir contre lui. Au lieu de lui laisser dans sa petite sphère séparée et indépendante la plus grande liberté possible, nous voulons empêcher les empiétements de toutes ces libertés particulières, les faire fusionner et les englober dans une même unité, dans une même solidarité.

Nos montagnards de 93, quoique très-démocrates, n'étaient rien moins que libéraux à la manière des individualistes et les girondins, qui l'étaient, ne représentaient point au même degré le génie de la Révolution. La tendance à faire découler les réformes démocratiques du principe de la liberté individuelle est une tendance anti-nationale, qui jusqu'ici n'a jamais dominé chez nous.

Depuis Diderot qui était communiste, tous nos philosophes et tous nos réformateurs politiques ont exposé des vues d'ensemble, qui ne laissaient qu'une action secondaire à la liberté individuelle.

Citons seulement Auguste Comte ; il est tellement hostile à l'individualisme que, rattachant l'idée du droit à celle de la liberté individuelle et reconnaissant les inconvénients de celle-ci, il substitue l'idée du devoir à celle du droit qu'il veut faire disparaître. Nous ne sommes point de cet avis, nous tendrions plutôt, comme Proudhon, à chercher la synthèse du droit et du devoir, de la liberté individuelle et de ce que nous appellerons malgré Auguste Comte le droit social, ou mieux, la solidarité nécessaire, sans laquelle la liberté ne sera jamais accessible qu'à des minorités.

Aussi, quand nous voyons le positivisme anglais affirmer par l'organe de Stuart Mill que la liberté de l'individu est l'*alpha* et l'*oméga* de la liberté, quand nous voyons notre démocratie contemporaine se rallier, en théorie du moins, à cette doctrine étrangère, nous faisons de très-fortes réserves au nom de la solidarité. Nous nous rappelons. avec Hobbes et avec Stuart Mill lui-même, que l'homme à l'état de nature est féroce, égoïste, anthropophage et nous constatons, l'histoire à la main, que tous les progrès de l'humanité sont autant de victoires sur l'individualisme et l'égoïsme originaires. L'individu, impuissant dans son isolement, s'est incliné devant la supériorité de la collectivité sociale et tout le droit existant dans l'ordre politique et juridique est né du besoin qu'il avait de recourir à la société. C'est à l'ombre de la liberté sociale que s'est formée la liberté de l'individu, par le développement de l'idée juridique, qui ne pouvait naître que dans les *collections* d'individus.

L'individu, selon la nature et avant l'équilibre social des libertés individuelles primordiales, qui ne méritent pas même ce nom, est tyran ou esclave, brute satisfaite ou brute mécontente, il n'est jamais libre.

L'idée de la liberté individuelle, contemplant l'homme dans tout l'épanouissement de son égoïsme, n'est pas si vieille qu'on le croit, les anciens ne la connaissaient pas ; la liberté des Grecs et des Romains était la liberté collective de la patrie.

La liberté individuelle est une idée d'origine germanique, anglo-saxonne surtout. Elle a été apportée à l'Europe par les hordes barbares qui se partagèrent l'empire romain déchu.

La liberté individuelle des Francs, des Anglo-Saxons, des Goths, des Burgondes, etc., s'est d'abord manifestée sous la forme de la féodalité, contre le pouvoir central d'une part et contre tous les peuples celtiques et latins de l'autre. L'émancipation si lente et si pénible de la bourgeoisie n'a été, jusqu'en 89, qu'une participation incomplète à cette liberté de la tyrannie.

Jean-Jacques Rousseau, qui prétendait que l'homme est né bon et qu'il est heureux à l'état sauvage, est le premier qui l'ait introduite dans notre société française, en même temps qu'il indiquait ailleurs les vices des sociétés formées par cet homme si bon et par ce sauvage si fortuné.

Aujourd'hui, les individualistes n'ont plus rien de barbare, ils s'appuient sur la science, pas sur la science sociale par exemple, la seule qui devrait pourtant les intéresser.

Herbert Spencer et avec lui les positivistes anglais appuyés par le transformisme de Darwin, soutenus par la science allemande et notamment par Hœckel qui va chercher des âmes individuelles jusque dans les atomes de carbone, d'oxygène, etc., ne veulent pas que l'étude de la sociologie sorte des faits à base physico-chimique. Ils ramènent toute l'étique à des manifestations psychiques, incompréhensibles en dehors des influences diverses des milieux où se répand l'activité humaine.

L'individu est la monade sociale : c'est la lutte pour la vie, la loi de la sélection naturelle, la transmission héréditaire et l'adaptation, qui transforment dans le cours de siècles innombrables la matière organique primitive, le plasson et le protoplasma en individus intelligents.

Ces individus ne tendent pas vers la fraternité socialiste, au contraire, aux derniers degrés de l'échelle des êtres vivants règne une sorte de communisme inconscient. Plus les individus se perfectionnent, et plus ils s'éloignent de ce communisme, et plus ils deviennent égoïstes.

Il n'y a pas plus de liberté morale que d'ordre moral préétabli. Aucune idée métaphysique ne plane sur l'évolution sociolo-

gique toute mécanique et toute matérielle. L'homme exclusivement mû par des causes efficientes appréciables par les sciences
physiques et naturelles a tout fait par égoïsme et le plus haut
degré de la perfection sociale, c'est la liberté absolue de la concurrence vitale des égoïsmes individuels.

A force de suivre génétiquement à l'aide des sciences biologiques le processus évolutif des êtres et des sociétés, Herbert
Spencer en arrive aux planètes et à l'univers, il y trouve autant d'embryogénies destinées à une évolution analogue sans
cause et sans fin, ce qui au fond n'est guère moins métaphysique que les autres systèmes qualifiés d'utopiques et considérés
comme anti-scientifiques.

Si, au moins, on pouvait former avec cela une morale sociale !
Mais Herbert Spencer lui-même y renonce tout-à-fait ; il serait
illogique s'il affirmait que le monde peut changer, aussi se
garde-t-il bien de le faire. A ses yeux, les réformateurs sont
tous des idéalistes, l'évolution nécessaire n'admet pas de ces
coups de théâtre rénovateurs rêvés par les révolutionnaires,
Elle n'admet pas davantage les grandes influences morales de
certains hommes et de certains faits extraordinaires.

Herbert Spencer aboutit donc au quiétisme et à l'indifférence.

Les socialistes qui cherchent des points d'appui dans la
science anglaise et allemande sont bien insensés, il n'y a rien
de plus anti-socialiste que le transformisme et l'évolutionnisme
anglo-allemands. *Aucune école matérialiste ne peut être avec
nous* : de la Force et de la Matière on ne fera jamais sortir
avec assez de pureté cette quintessence du progrès intellectuel,
le Droit et la Liberté. Que les matérialistes ne fassent donc pas
de morale sociale et ils seront logiques, mais ils n'en seront
pas moins en désaccord complet avec la vérité sociale exami-
née en elle-même, sans préoccupation relative aux questions
insondables de causalité et de finalité.

Oui, la biologie a ses limites et l'on n'expliquera jamais à
l'aide de la morphologie, de la psychologie et de la physiologie
l'esprit de sacrifice et de dévouement, qu'inspirait aux héros
immortels de la Grèce et de Rome l'amour de la patrie. On
n'expliquera pas davantage par la concurrence des égoïsmes
les martyrs du christianisme, ces modèles d'abnégation.

Et ce peuple transfiguré des grandes journées révolutionnaires, dont les élans sublimes renversaient toutes les barrières
du despotisme ? Et ces indomptables soldats de la France démocratique qui de 1792 à 1815 allaient l'âme sereine et le cœur
ardent au devant de la mort ?

Et la foi d'un Jésus-Christ qui va régner sur le monde vingt
siècles après lui ?

Et celle d'un Colomb qui le mène vers un Nouveau-Monde ?
Et plus récemment encore, celle d'un Stanley, qui le conduit
malgré mille dangers, dont le moindre suffisait pour l'arrêter
au travers de cette Afrique centrale fermée jusqu'ici à tous les
peuples de notre race ?

Et l'action toute sociale, toute morale, nullement individualiste de tant de grands hommes, dont on nie vainement l'apos-
tolat humanitaire ? Et les aspirations des peuples modernes
vers la justice sociale, dernière expression et base définitive de
toute liberté ?

Est-ce qu'il y a tout cela en germe dans la périgénèse des
plastidules, ou dans le cerveau des anthropoïdes qui ont préparé
par leurs victoires sur les ours blancs l'homme physique d'aujourd'hui ? Allons donc ! messieurs les bourgeois saxons !
Avouez que vous avez peur de la Révolution sociale, comme de
simples cléricaux. Auguste Comte avait raison sur ce point :
quand il ne s'agit que de statique sociale, l'évolution biolo-
gique et psycholo-sociologique est une vérité ou à peu près,
mais au-dessus il y a bien une dynamique sociale, une *méta-
sociologie* dont les sciences physiques ne rendent pas compte.
C'est l'ordre moral. Sans cela, la sociologie réduite aux
proportions d'une science naturelle ne peut pas devenir une
science expérimentale, parce que l'expérimentation, en matière
de politique et d'économie sociale, ne se fait pas çà et là dans
un cabinet ou sur un petit coin de terre, elle ne peut se faire
qu'à l aide d'une action générale supérieure, sociale et morale.

Or, le peuple français a le sentiment de l'existence de cet
ordre moral, il veut le découvrir plus complètement, le faire
briller dans la lumière de sa République, l'attirer à lui pour
en extraire toute la Justice et toute la Vérité et pour en impré-
gner ces malheureux individus, sortis de la matière et de la

bestialité, dont la concurrence vitale ne nous donnerait comme par le passé que le despotisme et l'anarchie. Nous en avons assez de votre liberté des égoïsmes, des révoltes et des tyrannies, des massacres et des attentats, des repus qui nient le droit des pauvres et des pauvres qui se font fusiller. Le czar et les nihilistes nous présentent la reproduction la plus réussie et la plus complète de la pratique politique sans idée morale, sans foi supérieure à la matière. C'est édifiant. Nous disons, nous, que la civilisation est ailleurs.

Nous sommes la vieille Gaule populaire, dont la tête démocratique émerge au-dessus de vos trop hâtives condamnations.

VI

Le principe d'autorité est-il conciliable avec la démocratie?

Cela n'empêche pas que nous n'ayons beaucoup à apprendre des Anglo-Saxons, dans la pratique de la liberté. Le principe étiologique de notre vie sociale est très-différent du leur, mais de même qu'il leur arrive très-heureusement pour eux de contredire en fait leur caractère et leurs tendances naturelles, de notre côté, il nous arrive de contredire très-malheureusement les nôtres.

C'est l'effet du grand combat des intelligences et des intérêts d'hommes à hommes et de peuples à peuples, ce sont les péripéties de l'évolution sociale.

Depuis un siècle, nous sommes en pleine crise philosophique, politique et sociale. Cette crise aujourd'hui est même plus aiguë que jamais et comme toute crise de ce genre venant à se manifester dans un corps organisé, elle peut tout aussi bien sauver le patient que le faire mourir, soit violemment et subitement, soit lentement, par suite d'incurables lésions intérieures. Il en résulte que, tout en ayant raison plus qu'aucun autre peuple, nous pourrions manquer de la force nécessaire pour mener à bien notre mission dans l'humanité, pour réaliser notre idéal de la liberté.

Nous avons dit pourquoi nous ne désespérons pas ; en tous cas, on doit essayer l'entreprise avec courage.

Comment donc détendre sans le briser le ressort de notre

centralisation ? Comment introduire dans notre esprit unitaire, absolu, entier, un émollient assez efficace ? Comment faire circuler dans ces artères bouillantes le baume réparateur de la tolérance ?

C'est sur ce po int que portent surtout nos contradictions politiques et celles des Anglais. Ces derniers, qui, semble-t-il, devraient, conséquents avec leurs principes, aller jusqu'au morcellement fédératif le plus disloquant et de là jusqu'à l'anarchie, conservent précieusement et entourent d'une espèce de culte le principe d'autorité, autour duquel ils se groupent.

Nous, au contraire, nous ne pouvons pas laisser en paix l'autorité, nous l'attaquons sans cesse, nous ne visons qu'à la détruire. La conséquence immédiate, c'est que les Anglais ont une autorité douce et pacifique dont ils sentent à peine le poids, tandis que nous, nous n'avons jamais qu'une autorité irritée, méfiante, toujours prête à frapper.

Il ne suffit pas d'avoir une conception très-juste et très-large de la liberté, il faut en avoir une pareille de l'autorité. Ce n'est point notre cas.

Démocrates et plébéiens, nous sommes pleins de préventions contre l'autorité ; aristocrates et bourgeois, nous nous faisons une idée très-fausse de sa fonction sociale. Nous sommes tous plus autoritaires, plus centralisateurs, plus unitaires les uns que les autres, et nous sommes incapables de fonder, sous les auspices d'une autorité solide et respectée, une organisation politique où la centralisation, conformément à notre esprit collectiviste, ne soit qu'un lien commun nécessaire qui n'ait plus rien de tyrannique, un principe de solidarité, une garantie du droit social.

Erreurs et préventions nous ont été léguées par les fautes et les crimes du passé.

Notre démocratie ne voit pas l'autorité en elle-même, selon la science, avec l'esprit philosophique élevé au-dessus des *réalités accidentelles* de notre histoire, elle la voit incarnée dans Charles IX, dans Louis XIV, dans Louis XV, dans Napoléon Ier. Par contre, les classes riches ne voient de la liberté que ses révoltes contre cette autorité déviée et inexperte.

Des abus et des excès, voilà la triste source où s'abreuve notre enseignement politique.

Ceci ne prouve qu'une chose, c'est que l'autorité et la liberté, en tant que principes constitutifs des sociétés humaines, ne sont nullement faciles à dégager du lourd et obscur fatras de l'ancienne métaphysique et par suite à établir sur des bases durables. Notre évolution morale n'est pas assez avancée.

Avec un peu de bonne volonté cependant, nous pourrions déjà débrouiller l'écheveau.

L'autorité tend à produire l'ordre, la liberté à produire la justice. L'ordre, c'est la santé sociale, la justice, c'est l'équilibre des humeurs, le jeu rationnel de l'organisme qui donne cette santé. Ordre et justice, c'est tout un au fond, car de l'harmonie des partis naît l'harmonie du tout. Mais, tant que cette harmonie n'existe pas, tant que le corps social est souffrant, tant qu'il y a ici congestion, plus loin anémie, partout des germes de corruption et de difformités, *l'ordre relatif* que l'autorité veut faire respecter est si profondément vicieux, que la liberté ne saurait s'en accommoder.

De là, la lutte des deux principes, lutte terrible, qui a commencé avec le monde et qui n'est pas près de finir. La démocratie ne saurait trop se méfier pourtant de ceux qui refusent de chercher la synthèse de ces deux éléments. Ce sont les prétendus hommes pratiques, pour lesquels il n'y a rien à faire qu'à regarder passer et qui sont intimement persuadés qu'il y a toujours eu et qu'il y aura toujours des exploiteurs et des exploités.

Au fond, ce sont des partisans de l'autorité abusive qui provoquent le désordre. Il faut les rejeter de notre centre moteur intellectuel, comme des membres malsains, bons seulement à servir de repoussoir à ces autres malades, qui croient que la liberté peut exister seule, sans le secours de l'autorité.

Aucune société n'a encore réalisé un idéal qui puisse être considéré comme approchant de la perfection. Par conséquent, aucune société n'a trouvé la solution, — *ordre et justice,* — du problème posé par la lutte constante de l'autorité et de la liberté.

Dans cet état de choses boiteux, l'équilibre réel n'est pas

possible, on y en substitue un factice, grâce aux tours de force plus ou moins habiles des hommes d'Etat, grâce surtout aux lois, qui sont toujours, comme l'a démontré Montesquieu, l'expression fidèle du degré de civilisation et de progrès juridique auquel un peuple est parvenu, dont la bonté par conséquent est toujours relative. Quand cet équilibre factice sans solidité vient à manquer, ce qui arrive toujours un peu plus tôt ou un peu plus tard, un des deux principaux rivaux a le dessus. C'est un accident, ce n'est pas une solution, il ne peut donc rien en sortir de bon, au contraire, la maladie sociale devient plus grave et plus menaçante, car la prépondérance de l'autorité c'est le despotisme et celle de la liberté, c'est l'anarchie.

L'anarchie et le despotisme s'engendrent et se perpétuent réciproquement. On ne peut pas sortir de là. La liberté sage, éclairée, complète, définitive, implique la perfection sociale, l'autorité au dernier degré du progrès l'implique également et alors ces deux principes se confondent et se corroborent théoriquement, dans une forme politique et sociale dont nous n'avons encore aucune idée.

Ce que nous voyons clairement dès à présent, c'est qu'on ne peut pas sans danger immédiat et terrible sacrifier l'un à l'autre. Il ne faut donc pas rejeter le principe d'autorité, il faut l'améliorer autant qu'on pourra.

Il faut lui restituer son prestige et sa force intrinsèque et donner en même temps à la liberté toutes les garanties qui lui manquent. Il faut que les partis, devenus beaucoup moins autoritaires dans leurs méthodes d'action et dans leurs programmes politiques, soient en revanche beaucoup plus respectueux du principe d'autorité. Il faut que, de leur côté, nos gouvernements renoncent à tenir dans leurs mains toute l'administration, toute la police, toute la perception des finances, toute la justice, l'instruction publique et le sacerdoce. Ils doivent se résigner à abandonner cette effroyable absorption de toute la vie nationale, la direction de six cent milles fonctionnaires et surtout celle de l'esprit public. Ils doivent rendre aux départements et aux communes la plus grande part possible de gestion des affaires publiques, en un mot, toute l'autonomie compatible avec l'harmonie et l'unité de l'ensemble. Le pouvoir juridique devrait surtout être indépendant de l'Etat et posséder une organisation spéciale, qui le rendît tout-à-fait inaccessible à la passion politique.

Qu'on ne se borne pas là !

Qu'on respecte enfin les droits des minorités : si le vote uninominal autrefois proposé par Emile de Girardin est comme il semble en effet vraiment impraticable, qu'on fasse une loi qui permette aux candidats vaincus des minorités de réunir leurs voix au profit de l'un d'eux, qui serait régulièrement élu, quand, par cet accord des candidats, il aurait obtenu un nombre de voix fixé par la loi. Que tout le monde ait la parole ! Qu'on ne fonde rien sur la ruse ou le mensonge !

Ne mettons pas de placage sur notre vieux bois, pour dissimuler bien inutilement un mal que nous ne savons point combattre. Ayons confiance dans la science et le progrès.

La République ne doit être ni bourgeoise, ni athénienne, ni conservatrice, ni socialiste, elle doit être simplement nationale et expérimentale, prête à tout et ouverte à tous.

Notre gouvernement pourra alors être libre et neutre : l'autorité désormais indiscutée y sera placée comme dans un sanctuaire à l'abri des orages. Son action tutélaire sur l'ordre public aura acquis toute la puissance qu'elle gaspille aujourd'hui, en se mêlant directement à la lutte des partis et en cherchant à donner une impulsion à la société, au lieu de se borner à la recevoir de celle-ci.

La centralisation ne sera point encore détruite, mais l'absolutisme le sera. Il ne sera plus possible de culbuter le pouvoir en une ou plusieurs journées d'insurrection, mais les dictatures, les coups d'Etat, la loi martiale et les répressions comme en juin 1848 et en mai 1871 ne seront plus possibles.

C'est ainsi que nous nous élèverons de la conception de l'autorité ignorante, orgueilleuse, despotique et de la liberté brutale, envieuse, anarchique, à celle de l'autorité et de la liberté justes, sages, vraies. Si nous avons la force d'arriver à cette hauteur, la République universellement respectée et calme dans sa force deviendra indestructible et la solution de la question sociale nous apparaîtra désormais dégagée de tous les agrégats utopiques et révolutionnaires, que nos malheurs y ont introduits.

VII

La question sociale.

S'il est vrai que la question sociale, vainement niée ou dédaignée, par ceux dont elle dérange les spéculations, est la plus grosse de toutes les difficultés pour tous nos gouvernements modernes, il n'est pas moins vrai que dans les conditions actuelles, aucune réforme sociale n'est possible.

La question sociale, ce n'est pas, comme quelques-uns le croient, un ensemble de problèmes d'ordre exclusivement économique, la question sociale n'est particulièrement liée, ni à la situation de l'industrie, ni à celle de l'agriculture, ni à tout autre subdivision du champ général de l'activité humaine. Si actuellement sa solution intéresse plus immédiatement et plus directement la classe des travailleurs-prolétaires, c'est là un fait particulier à notre époque et à notre société, fait très-saillant, très-inquiétant, nous l'admettons, mais en somme secondaire.

La question sociale a une acception bien autrement large et elle plane de bien plus haut sur l'humanité toute entière et sur chaque nation en particulier. Non-seulement, elle est intimement liée avec les questions qui paraissent tout d'abord spéciales à la politique et à la philosophie, mais elle les embrasse et les domine toutes. La question sociale n'est autre que celle posée par la lutte incessante des deux principes d'autorité et de liberté et dont les diverses péripéties forment l'histoire de l'évolution sociale et morale de l'humanité.

Du côté de l'autorité sont tous ceux qui possèdent et qui jouissent, tous ceux qui croient n'avoir besoin que d'ordre. Du côté de la liberté sont tous ceux qui travaillent et qui souffrent et qui croient n'avoir besoin que de justice. Dans les bataillons de l'autorité, se rangent tous ceux qui ont des droits. Sous le drapeau de la liberté, se massent tous ceux qui n'ont encore que des devoirs.

La question sociale est la recherche de la synthèse supérieure qui fera cesser la lutte des deux principes, en fondant l'ordre et la justice dans la société. Elle tend donc en principe à donner satisfaction aux défenseurs de l'autorité et à ceux de la liberté. Cette satisfaction ne peut se trouver que par l'établissement de l'équilibre scientifique, normal, réel, qui a toujours manqué jusqu'ici et l'Internationale avait très-bien rendu cette pensée dans son admirable devise : « Pas de droits sans devoirs. Pas de devoirs sans droits. »

Les prolétaires qui croient que, parce qu'ils auront enfin les droits qui leur manquent, l'égalité sociale absolue règnera, que l'autorité disparaîtra et que la souveraineté du peuple sera exercée directement dans chaque groupe quelconque d'individus, plus ou moins fédéré avec d'autres, sont dupes d'une illusion anti-scientifique.

Les bourgeois qui se figurent que l'avénement de la justice sera celui de l'anarchie, la disparition de l'ordre général et de la tutelle sociale garantie par les Constitutions nationales et les lois civiles, sont dupes de la même illusion.

C'est surtout en ce qui touche à la question sociale qu'on peut dire que notre ignorance est colossale, monstrueuse ! Nous ne sommes pas socialistes, nous ne sommes pas conservateurs ; nous sommes réactionnaires, et révolutionnaires despotes et démagogues.

Nous sommes dans la fièvre du combat et dans l'obscurité irritante des mauvaises passions. C'est la guerre sociale !

Cette guerre a ses épisodes : il y en a de terribles, 1831, 1834, 1848, 1871, qui ne se représentent pas tous les jours. Il y en a qui affectent plus particulièrement une forme politique, parce que des hommes intelligents et ambitieux réussissent à jeter les mécontents dans cette voie spéciale, beaucoup plus facile; c'est ce qui arrive quand on renverse un gouvernement.

D'autres encore se produisent sur le terrain des idées religieuses. La religion, dont la mission naturelle est de calmer, d'adoucir les effets calamiteux de la lutte de l'autorité et de la liberté, la religion qui doit former au nom de Dieu une sorte de Tribunal supérieur, imposant sa médiation sacrée aux malheureux combattants de la guerre sociale, ne remplit jamais ce but que dans les premier siècles de son existence. Absolue et intransigeante elle ne croit pas que le Dieu qui l'a inspirée ne lui a fait connaître que la vérité relative d'une époque et qu'il laisse à l'activité et à la liberté humaines le soin de se rapprocher elles-mêmes de lui par leurs propres efforts.

La religion conserve toujours son absolu primitif, sans s'inquiéter des progrès, des nouveaux besoins et des réformes nécessaires, elle regarde en arrière et se trouve ainsi d'accord avec les réactionnaires. En agissant ainsi, elle s'attire peu à peu la haine de tout le peuple intelligent, elle ne remplit plus sa mission, elle est nuisible, il faut la transformer ou la remplacer. C'est ce qui est déjà arrivé bien des fois.

Mais, là où la guerre sociale est immense, variée, non-interrompue et toujours douloureuse, c'est dans l'ordre économique.

Le travail excessif, le travail insuffisant, les gros profits du capital, l'incertitude des salaires quotidiens, les crises commerciales et industrielles, la misère, l'ignorance, la surexcitation de la souffrance y sont à l'état permanent. Le scepticisme et l'immoralité, fruits de l'insuffisance désormais incurable de la religion, viennent s'y joindre, et notre société, malgré tous ses grands progrès matériels et intellectuels, précisément même à cause de ces progrès, en dépit de l'ordre superficiel qui la protége, notre société, disons-nous, renferme dans ses entrailles bouleversées cent fois plus de dynamite qu'il n'en faudrait pour la faire sauter.

Les prolétaires n'ont pas de lendemain, mais les gouvernements, les bourgeois, les riches, n'en ont qu'un relativement petit. Rien ne garantit la Justice, mais rien ne garantit l'ordre. L'inquiétude et pour tout dire la terreur gîtent dans les esprits de tous et, tout bien considéré, on trouverait peut-être plus de tranquillité chez les pauvres que chez les riches.

Et il y a des insensés qui ne comprennent pas que la question sociale appelle une solution et que cette solution, c'est pour tous le salut, qu'on cherche en vain dans ces victoires accidentelles et malsaines de l'une des fractions passionnées qui se déchirent.

Ne repoussez donc pas la question sociale, malheureux aveugles ! Occupez-vous-en au contraire, ne vous occupez que de cela, ou vous êtes perdus.

VIII

Le Socialisme, la Révolution et la Science.

La démocratie est particulièrement intéressée à ce qu'on entre dans cette voie *Il ne faut pas qu'on prenne la Révolution en flagrant délit d'impuissance.* Et c'est ce qui arrivera infailliblement si l'on continue à se débattre entre deux ou trois petites réformes gouvernementales et politiques, sans oser affirmer enfin, sinon un programme théorique entier, au moins des idées socialistes rationnelles mathématiquement déduites de la situation actuelle, étudiée posément, scientifiquement.

La Révolution française a promis la liberté, l'égalité et la fraternité, elle a affirmé les droits de l'homme ; dès l'origine, la question sociale tout entière était donc en germe dans son programme : il en a été ainsi jusqu'en 1848. Alors, la bourgeoisie, qui avait commencé à reculer en 1830, imposa à la démocratie française, dont elle était la tête, un programme qui n'avait plus rien de commun avec le socialisme. On sait ce qui en est résulté.

La science de son côté, appelée à se prononcer sur la légitimité des revendications socialistes, se laissa bientôt épouvanter par les apparences révolutionnaires du socialisme contemporain. Par la République et par le suffrage universel, la Révolution a d'abord ouvert toutes grandes les portes de l'avenir au peuple non encore émancipé.

Par le renversement définitif de toutes les vieilles superstitions sur lesquelles s'appuyait la théocratie, la science a brisé les barrières dans l'ordre moral, déblayé le champ de l'intelligence, donné des ailes à la pensée. Et maintenant, la Révolution semble plutôt reculer !

Et la science effrayée de son œuvre opère un mouvement analogue !

Le peuple allait s'élancer : on le retient. Des républicains ont hautement condamné le socialisme : inutile de citer des noms. Les économistes repoussent toute réforme, comme contraire au fonctionnement normal des agents économiques et des prétendues lois naturelles de l'activité sociale.

Un darwinien, M. Oscar Schmidt, proteste contre l'alliance du transformisme avec le socialisme, qu'avaient cru pouvoir opérer les socialistes allemands. M. Littré ne manque aucune occasion de repousser le socialisme et de dégager la responsabilité particulière du positivisme, dans le progrès menaçant de ces idées nouvelles.

Vous avez beau faire, messieurs! votre responsabilité est très-réelle, vous avez immensément contribué à nous préparer la voie. Les penseurs théoriciens, pacifiques ou révolutionnaires, Saint-Simon, Fourier, Robert Owen, Cabet, Pierre Leroux, Considérant, Blanqui, Raspail, voire même Louis Blanc ont été nos précurseurs, mais vous, vous avez été nos maîtres, vous nous avez appris l'arithmétique et nous nous en sommes servis pour faire des problèmes auxquels vous ne pensiez pas assez.

A présent, le mal est fait, vous avez sapé le principe d'autorité, renversé la religion, supprimé tous les anciens freins. Vous n'avez pas été socialistes, messieurs les philosophes modernes et vous messieurs les démocrates diplomatiques de la Révolution modérée, mais vous avez été cent fois plus révolutionnaires que nous, car nous *les socialistes rationne's*, nous visons beaucoup à construire, très-peu à détruire et nous serions les plus nombreux du parti, si, au lieu de repousser les socialistes, vous leur tendiez la main.

Vous au contraire, vous n'avez encore été occupés qu'à détruire, vous n'avez encore rien édifié, en dehors de ce qui a été enlevé de haute lutte en 1792 et 1793, par les Marseillais et les sans-culottes.

Surtout, ne nous dites pas, ô peu logiques savants, que vous ne nous avez pas donné le droit de faire un peu d'idéalisme, en d'autres termes d'avoir une Foi, sous prétexte que vous ne vous autorisez que de la science et que tout ce qui échappe aux procédés modernes d'investigation scientifique n'est pas de votre domaine. Vos analyses et vos théories biologiques sont loin d'être complètes et décisives. Il ne faut pas plus de foi pour croire avec nous à l'évolution morale, formant la dynamique sociale et pouvant seule constituer la sociologie comme science expérimentale, pour croire *à la lutte pour le progrès* démontrant que l'humanité a un but social et que ce but est la réalisation de l'ordre et de la justice véritables, qu'il n'en faut pour croire au transformisme, à la sélection naturelle, *à la lutte pour la vie*, à l'évolutionnisme mécanique, au déterminisme psychologique excluant toute liberté morale et enfin à l'incurabilité de l'égoïsme. Un Germain de bonne race pourtant, comme Guttemberg, le grandiose Kant, a l'un des premiers tracé les lignes générales, qui devaient ouvrir la voie à la sociologie expérimentale, telle que nous la comprenons.

Vous vous appuyez sur des faits, et nous aussi.

Quoi qu'il en soit, nous sommes maintenant dans la route que vous nous avez préparée. De grâce, messieurs, rangez-vous et laissez-nous passer.

Que si vous êtes assez présomptueux pour engager la lutte avec nous, vous serez vaincus, un peu plus tôt ou un peu plus tard, car vous avez détruit vous-mêmes les forces sociales sur lesquelles l'égoïsme réactionnaire pouvait s'appuyer. Soyez donc logiques : ou soyez avec nous ou faites-vous catholiques. Vous ne pouvez désormais vous défendre de nos attaques, qu'abrités derrière l'infaillibilité du pape et sous des baïonnettes épurées par la lumière du *Syllabus*.

Ou le socialisme, ou l'Immaculée-Conception ! Choisissez ! Nous ne sommes guère d'humeur à plaisanter en pareille matière: de cette nouvelle voie est déjà ouverte. Le célèbre M. Chauffard mort l'année dernière a fait un gros livre pour mettre les découvertes de la science moderne d'accord avec le catholicisme et le droit divin : c'est dans le même esprit que le père Didon a écrit la *science sans Dieu*.

Déjà, en Allemagne, le savant physiologiste Virchow, non moins prudent que Claude Bernard dans ses affirmations, avait parlé d'un ton très-respectueux, mais qui facilitait peut-être trop certaines interprétations, de ces « vieux devoirs », au nom desquels les cléricaux veulent faire oublier les droits. Nous ne dirons rien du sympathique Moleschott, matérialiste très-avéré et très-sincère, mais qui ne trouve pas dans la science des conclusions hostiles au socialisme. Revenons en France. Récemment encore, lors de la réception de M. Ernest Renan à l'Académie, l'éloquent écrivain, étudiant l'œuvre immense de notre illustre Claude Bernard, en arriva à parler de l'âme et exprima de poétiques regrets de la disparition de cette vieille croyance religieuse, défendue par les vitalistes, et qui faisait de l'âme la source de la vie et le moteur physique de l'humanité.

Vu l'impossibilité scientifique d'établir l'existence d'un principe intellectuel autonome indépendant de la matière, il n'y avait qu'à accepter ces regrets, en formulant une espérance que Claude Bernard lui-même n'a point détruite.

L'académicien chargé de répondre à Ernest Renan s'y prit autrement, il donna clairement à entendre qu'il ne fallait point supprimer l'âme, vu son utilité sociale. Il importe, aux yeux de ce savant et de ses confrères de l'honorable corporation, que le peuple, malheureux et sans espérance dans cette vie, puisse se consoler en espérant des dédommagements dans un autre monde.

Cette idée revient à chaque instant dans les publications des écrivains réactionnaires, elle est au fond de la fameuse encyclique de Léon XIII contre le socialisme.

Enfin M. Littré se pose désormais en défenseur du christianisme.

La Révolution ne pourra pas aboutir, la démocratie est dans une voie sans issue, rien de bon n'est possible sur la terre : le peuple a toujours souffert et il souffrira toujours. Que la société revienne donc sur ses pas, que le peuple reste esclave et que la religion pour le faire tenir tranquille lui ouvre de nouveau les perspectives enchanteresses du bonheur paradisiaque, à la condition qu'il donne aux riches dans cette vie et qu'il mette sous leurs pieds ses peines, sa misère, ses souffrances, sa conscience d'homme, son honneur de citoyen et l'avenir de ses enfants.

Sans doute, ces métaphysiciens à l'envers n'auraient pas définitivement raison de la société moderne, mais les fautes de la démocratie aidant, cette union monstrueuse du matérialisme effrayé et d'une religion dégénérée, dont les chefs n'ont plus rien de commun avec l'Evangile, ni avec le sublime martyr qui voulait qu'on laissât venir à lui les petits, cette union pourrait triompher un jour de désarroi national et ce triomphe pourrait durer pendant un temps assez long.

Ce ne serait qu'un nouvel accident, mais un accident épouvantable, gros d'humiliations et de douleurs pour le peuple français.

Républicains modernes, nous avons entrepris nous Français, dans ce monde-ci et non dans l'autre, dont nous ne savons rien, une œuvre gigantesque qu'il s'agit de terminer. Le peuple qui a les yeux sur vous a de la patience, de la longanimité, de la persévérance, mais ne vous y fiez pas, si au fond de tout cela il y avait un abaissement du caractère, il pourrait accepter avec la même facilité une déception dans la République ou simplement la ruine de celle-ci.

Démocrates sincères, modérés ou non, autoritaires ou libéraux, ne vous arrêtez pas en chemin, comme ce voyageur peureux qui encourage par son attitude les assauts des brigands. Ne permettez pas qu'on doute de la Révolution, ne reniez pas le programme de nos pères, n'éludez pas par d'inutiles subtilités les difficultés présentes qu'il vous cause. Acceptez tout entière la mission qu'on vous a léguée, pour qu'il n'y ait pas autour de vous des courants révolutionnaires vagabonds, qui désorganisent vos forces et surtout pour que d'autres (et quels autres ?) ne profitent pas de votre stérilité. Si vous voulez le salut de la République, soyez républicains dans toute l'acception démocratique et gauloise du mot, c'est-à-dire soyez socialistes.

IX

Le Socialisme rationnel.

Si les républicains français le voulaient bien, c'est-à-dire, si la République prenait enfin la forme majestueusement impartiale et sereine que nous avons esquissée et qu'elle permît la formation d'un courant socialiste régulier, normal, scientifique, respectueux de la légalité, il ne faudrait pas plus de deux ans pour détruire radicalement, totalement, le socialisme dit anarchique ou démagogique.

C'est l'excès de la répression qui jette dans l'excès de la révolte, ce sont les négations réactionnaires qui appellent les négations révolutionnaires, c'est la passion qui engendre la passion.

La théorie de l'évolution physique et morale des sociétés

détruit dans le germe toute idéologie, tout empirisme révolutionnaire, parce qu'elle démontre par déduction scrupuleusement raisonnée, qu'une réforme sociale n'est viable, qu'autant
qu'elle s'adapte parfaitement à la société présente et correspond
aux nécessités physiologiques de son organisation actuelle.
Tout l'avenir est à la sociologie expérimentale.

Voilà ce qu'il serait facile, très-facile, de faire comprendre à
tous les socialistes français, qui ne sont, quoi qu'on en dise,
révolutionnaires que parce qu'on les oblige à l'être.

Aux économistes ainsi qu'aux philosophes, pour lesquels il
n'y a rien à faire, Claude Bernard a répondu pour nous. « Il
faut empêcher, dit-il, que l'esprit trop absorbé par le connu
d'une science spéciale ne tende au repos ou ne se traîne terre-
à-terre, en perdant de vue les questions qui lui restent à résou-
dre. » Plus loin, il ajoute: « L'humanité semble avoir compris
aujourd'hui que son but est non plus la contemplation passive,
mais *le progrès et l'action.* Ces idées pénètrent de plus en plus
profondément dans les sociétés et *le rôle actif des sciences ex-
périmentales ne s'arréte pas aux sciences physico-chimiques et
physiologiques, il s'étend jusqu'aux sciences historiques et morales.*
On a compris qu'il ne suffit pas de rester spectateur inerte du
bien et du mal en jouissant de l'un et se préservant de l'autre.
La morale moderne aspire à un rôle plus grand : elle recherche les causes, veut les expliquer et agir sur elles, elle veut
en un mot dominer le bien et le mal, faire naître l'un et le
développer, lutter avec l'autre pour l'extirper et le détruire. »

Tout est là, et c'est pour nous un suprême bonheur d'avoir
de notre côté, contre les conclusions de la science positiviste
anglo-allemande, le plus illustre maître de la science française
moderne.

Il est d'autres savants dont nous pouvons à bon droit invoquer
le secours. M. Pierre Siciliani, éminent professeur de sociologie
à l'Université de Bologne, se rapproche de nous par sa théorie du causalisme psychique, rétablissant sur les données même
me de la biologie la liberté morale et par suite l'évolution morale, la dynamique sociale, enfin *une théléologie.*

Anti-révolutionnaire, mais socialiste selon la science, il n'est
point individualiste comme il se le figure et la *providence sociale*

lui répugne si peu, qu'il accepte volontiers toutes les réformes qui seraient pi aticables avec un peu plus de bonne volonté et un peu moins d'ignorance, de la part de la bourgeoisie.

La France et l'Italie, le vieil esprit philosophique latin, réagissent contre la science de l'égoïsme. Courage !

Il ne s'agit donc pas d'appliquer un *à priori* quelconque, plus ou moins admirable dans sa forme idéale, il ne s'agit pas davantage de bouleverser la société dans l'espérance vague et tout-à-fait hypothétique de tirer de ses décombres quelque chose de bon et de ses blessures pleines d'irritation et de gangrène, un principe de régénération.

Ce sont là des éventualités qu'on peut et qu'on doit malheureusement admettre jusqu'à un certain point, mais ce que le bon sens repousse absolument, c'est qu'il y ait dans ces déviations violentes de la logique évolutionniste les éléments d'une solution.

Non-seulement ils n'y sont pas, mais à ceux qui seraient susceptibles de se contenter du désordre pour le désordre lui-même, il est bon de rappeler que le désordre ne dure jamais. Bien des insurrections socialistes se sont déjà produites et aucun succès matériel un peu durable, si léger qu'on puisse le concevoir, ne les a sanctionnées. Il y a eu à Rome les insurrections à propos de la loi agraire, il y a eu les esclaves soulevés de Spartacus. Dans les Gaules, il y a eu l'immense et énergique révolte des *Bagaudes*. Au moyen-âge, il y a eu les Jacques et les Albigeois, au XVI° siècle, il y a eu les Vaudois. Plus près de nous, il y a eu les insurrections lyonnaises de 1831 et de 1834, les journées de juin 1848 et la Commune de 1871. Rien de tout cela n'a réussi, *parce qu'aucune révolution ne peut réussir, quand elle n'est pas faite au nom d'une idée de construction, de réédification, très-claire, très-précise, très-pratique, s'imposant à la conscience de tous comme la plus juste et pouvant être appliquée immédiatement, sans soulever contre elle la coalition générale des intérêts.*

Par conséquent, il s'agit simplement de trouver, au point où en est notre évolution sociologique, ce qu'il y a à faire pour que notre société puisse continuer sa marche progressive, si brillamment accélérée par la Révolution, et ne soit pas subitement arrêtée, comme l'ont été toutes les anciennes civilisations hindoue, persane, chaldéenne, égyptienne, grecque et romaine, comme l'est encore la civilisation chinoise.

Regardons-y de près, sans prévention comme sans faiblesse, et nous verrons que notre société a en elle un socialisme tendantiel et de fait, dont il n'y a qu'à faciliter le développement, pour rester sur le terrain scientifique du socialisme rationnel.

Dans les sphères économiques, la lutte entre l'autorité et la liberté reste philosophiquement la même, mais revêt le caractère spécial de conflit d'intérêts, entre le Travail et le Capital.

Or, tous les antagonismes politiques et sociaux à toutes les époques, dans tous les pays et à tous les degrés de civilisation, dans un petit centre comme la tribu, ou dans l'ensemble d'une grande nation comme la France, amènent nécessairement, irrésistiblement, la fondation et le perfectionnement graduel d'un système juridique. Les intérêts individuels aux prises ont recours, comme nous le disions plus haut, à la juridiction supérieure de la collectivité. Quelque relatif qu'il soit, l'équilibre social maintenu par les lois est la manifestation toujours plus active de la tendance d'un peuple vers une somme de justice toujours plus grande ; seulement, comme on procède toujours du centre aux extrémités, de l'intérêt général à l'intérêt particulier, c'est-à-dire du simple au composé, le progrès juridique se fait d'abord dans l'ordre politique. C'est ainsi que, peu à peu, les lois qui favorisaient le despotisme ont disparu et qu'il a fallu en trouver d'autres, plus justes et plus raisonnables.

Nous en sommes ainsi arrivés à l'établissement d'un drit constitutionnel, qui tend de plus en plus à affermir la liberté, à contrôler et même à restreindre l'action de l'autorité.

Dans l'ordre civil, la loi est égale pour tous. C'est la justice qui commence à s'établir à la surface de la société, c'est le *Contrat social* qui se perfectionne. Mais ce contrat est encore bien imparfait et pour mieux dire il manque encore d'une base sérieuse, parce que dans l'ordre économique, l'équilibre juridique entre les libertés et les intérêts manque encore absolument.

Il y a bien la tendance naturelle que nous signalions tout à l'heure, mais c'est tout. Les chefs d'industrie et les ouvriers ont souvent recours à des compromis particuliers, qui n'ont d'autre garantie que la bonne foi réciproque des contractants. On établit souvent des tarifs, on limite le nombre des apprentis, on fixe la durée du travail journalier. Pour veiller à leurs intérêts, les patrons, les capitalistes ont des chambres syndicales et surtout les Chambres de commerce. Les ouvriers ont aussi leurs chambres syndicales qui sont de véritables sociétés de prévoyance, des essais de mutualité. Ces sociétés ont qualité pour s'entendre avec les patrons, comme cela s'est vu à Lyon, lors de la dernière grève des tisseurs.

Il y a aussi pour les différends ordinaires et individuels entre patrons et ouvriers les conseils de prud'hommes. Chaque catégorie de participants à la grande œuvre économique et sociale cherche à défendre ses droits ; malheureusement, la juridiction supérieure de la collectivité manquant dans la plupart des cas, les conflits restent insolubles et la guerre est perpétuelle.

La société se déclare incompétente et laisse lutter dans le chaos du hasard le plus fort et le plus faible, celui qui a tort et celui qui a raison. Les groupes économiques sont livrés à eux-mêmes, comme autrefois les tribus, les petits royaumes et les petites républiques. Dans l'ordre économique, le Droit n'a pas encore remplacé la Force, la liberté ne peut pas encore discuter avec l'autorité, la solidarité n'a pas encore remplacé l'individualisme.

Mais s'il est vrai, comme cela est évident, que la société désire un équilibre plus sûr et plus complet, qui soit une garantie de justice pour les travailleurs et d'ordre pour les bourgeois, qui donne à tous la paix, le travail fécond, la sécurité et la stabilité, *une Constitution sociale est nécessaire.*

Cette Constitution est le corollaire désormais indispensable d'une Constitution politique démocratique. Destinée à sauvegarder les intérêts de tous, elle doit être l'œuvre de tous et de même qu'à la base de l'édifice politique il y a la commune, à laquelle on reconnaît une certaine autonomie, il faut qu'à la base de la société, il y ait les associations libres de travailleurs et de capitalistes de toute sorte, constituées juridiquement et traitant entre elles, sous l'égide de la garantie légale.

La Constitution sociale implique donc des tribunaux et des parlements sociaux.

Cette Constitution serait bien imprévoyante, si en même temps qu'elle achèverait l'œuvre juridique, dont notre société renferme déjà d'informes ébauches, elle ne continuait pas aussi l'œuvre de solidarité matérielle, qui existe déjà d'une façon tout aussi élémentaire, dans les sociétés de secours mutuels.

Tout en laissant à chaque groupe le soin de réunir ses efforts et de s'organiser comme il l'entendrait, pour arriver au but particulier qu'il se serait fixé, elle doit avoir sa force matérielle propre, son action et ses ressources spéciales : il faut donc une gigantesque Banque sociale, ayant dans ses attributions étendues le crédit et l'assistance pour tous, dans des cas déterminés par la loi et fixés par le parlement central, ou par les parlements régionaux. C'est la liberté par la solidarité.

C'est ainsi que l'entend la démocratie socialiste rationnelle.

Nous ne nous illusionnons pas sur les difficultés d'une telle entreprise, mais ce ne sont point ces difficultés qui sont effrayantes. On en a déjà surmonté bien d'autres.

Si la vie sociale est encore chez nous dans la période ascendante, le progrès amènera fatalement la société à nos idées, la science nous l'affirme. Ce qui est à redouter, c'est cette crainte que nous avons déjà essayé de chasser, que nous ne soyons une démocratie usée et sans autre objectif que l'assouvissement des passions politiques actuelles. C'est contre cette crainte, c'est contre le scepticisme qu'elle engendre, que nous invitons les Français de toutes les classes à réagir énergiquement.

L'écueil est assez visible désormais : tâchons donc de l'éviter.

Janvier 1880.

Lyon. — Imprimerie générale du Rhône. — P. Goyard.